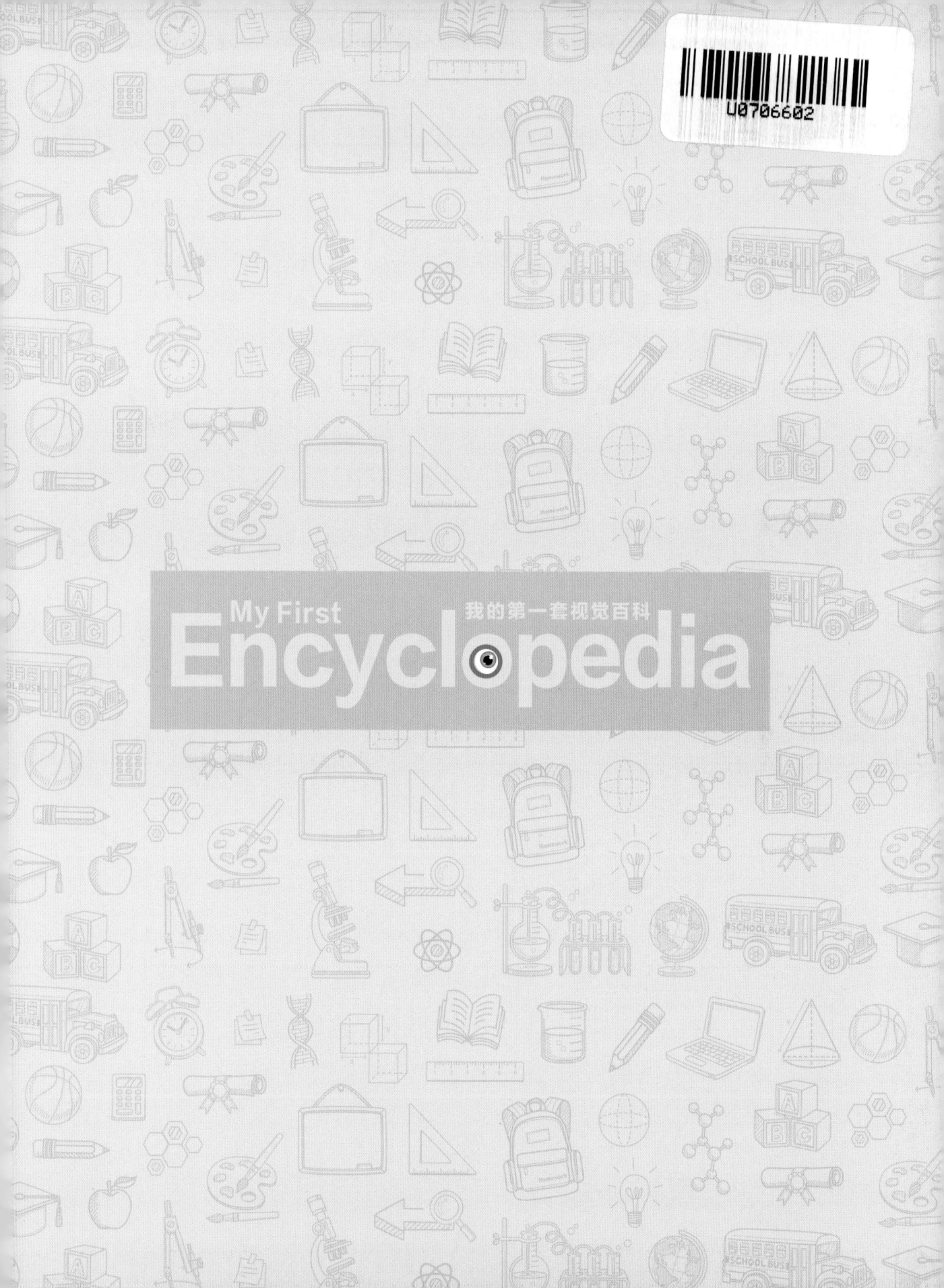

我的第一套视觉百科

鱼 类

张功学 ◎ 主编

陕西新华出版传媒集团
未来出版社

前 言

　　鱼类是最古老的脊椎动物,我们熟悉鱼类,但又天生与它们有距离。究竟什么是鱼,生活在水里的都是鱼吗?只要会游泳就是鱼吗?作为门外汉,恐怕没几个人能把这些问题说清楚。

　　大部分鱼生活在水里,靠鳃呼吸,是会游泳的脊椎动物。当然,这句话并不是在给鱼类作一个精确的定义,但我们大致可以依据这几点去判断,到底哪些动物是鱼,哪些不是。在庞大的鱼类家族里,各种鱼的形态、习性都有很大差异,它们有的喜静,有的好动;有的温和,有的暴烈;有的体色绚丽,有的外观普通;有的被人端上餐桌,有的却是身怀剧毒。

　　每一个物种都是地球不可或缺的成员之一,它们无可替代、独此一份。生命一旦错过或者失去,我们往往后知后觉。对鱼类是这样,对地球上我们的其他生命伙伴也是如此。所以要保护它们,我们先要了解它们。从这一刻起,就让我们一起走进鱼类的世界!

目录

什么是鱼……………………………………………1

鱼类家族……………………………………………2

特殊的身体…………………………………………4

鱼的一生……………………………………………6

海洋里的鱼…………………………………………8

淡水里的鱼…………………………………………10

"海中狼"……………………………………………12

温和的鲨鱼…………………………………………14

魔鬼鱼………………………………………………16

会放电的鱼…………………………………………18

爱集群的鱼…………………………………………20

洄游的鱼 …………………………………… 22

会"飞"的鱼 ………………………………… 24

不像鱼的海马 ……………………………… 26

漂亮的鱼 …………………………………… 28

名不副实的小丑鱼 ………………………… 30

鱼类中的游泳高手 ………………………… 32

蓑鲉和毒鲉 ………………………………… 34

眼睛会"搬家"的鱼 ………………………… 36

刺鲀和箱鲀 ………………………………… 38

不会游泳的鱼 ……………………………… 40

奇特的鱼 …………………………………… 42

什么是鱼

你一定见过鱼,但你能说出来为什么金鱼是鱼、鲨鱼是鱼,鲸鱼不是鱼、鳄鱼不是鱼吗?你注意过鱼骨头吗?鱼是不是都有骨架?没错,它们和哺乳类一样,属于脊椎动物。

会游泳的冷血动物

你见过不生活在水里的鱼吗?确实,鱼离不开水,就像我们不能离开氧气一样。鱼还是冷血动物,体温会随着环境的改变而变化。

▶ 金鱼

用卵繁殖后代

鱼的卵可不像爬行、两栖和鸟类的蛋,它们的卵都非常细小,就像植物种子一样。大多数鱼都是在水里孵化幼鱼的,但也有些鱼类不一样。

▲ 鱼卵

▼ 海洋中的各种鱼

鱼类的历史

在地球漫长的生物史中,鱼类有着非常悠久的历史。距今约1.3亿年前,现代鱼类的各个种群已经基本出现。今天,鱼类已经成为地球上最大的脊椎动物类群。

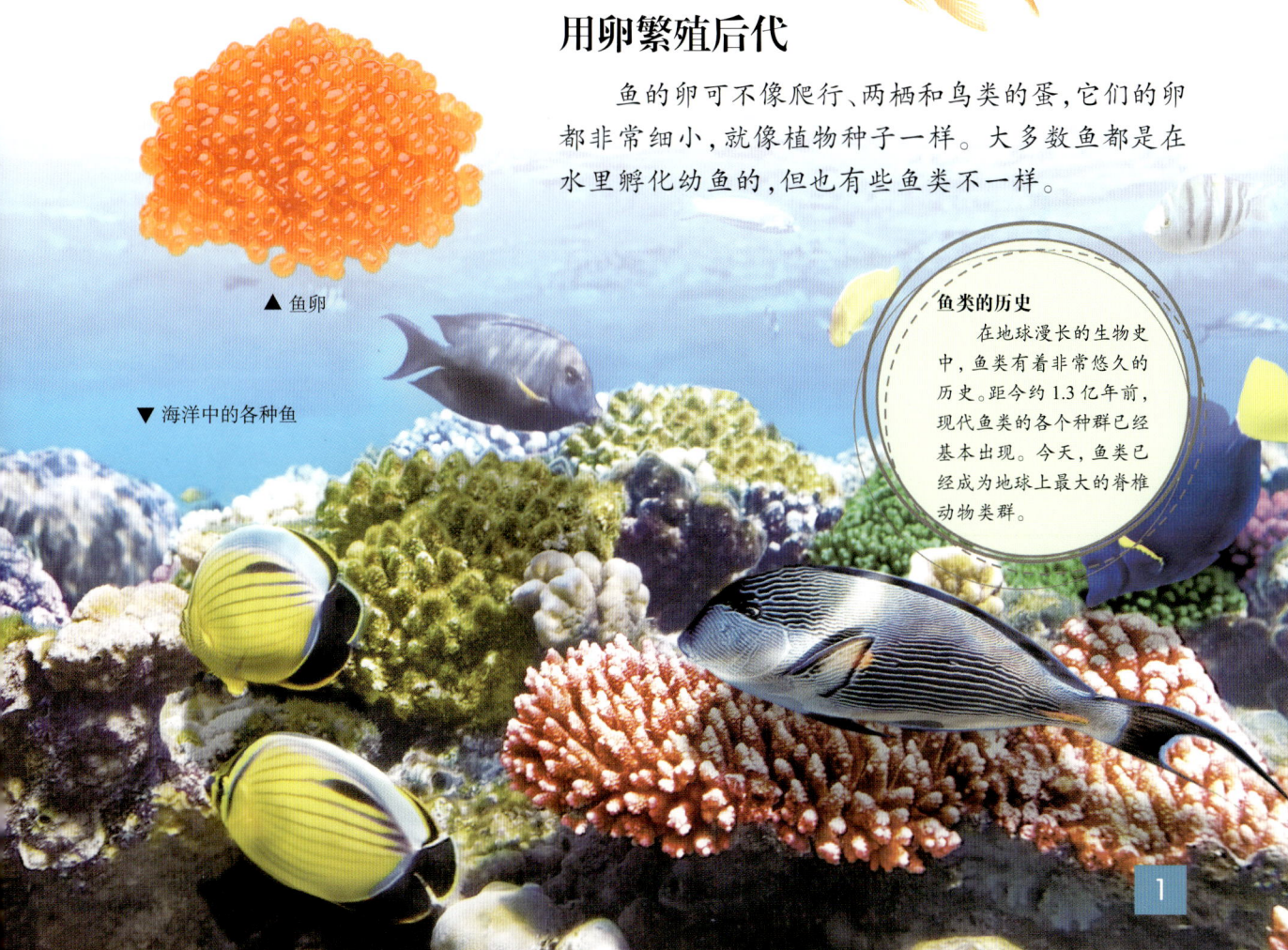

鱼类家族

鱼类家族有哪些成员呢？按照目前最严格的科学分类法，鱼类有圆口纲、软骨鱼纲和硬骨鱼纲三大类。这个分类方法几乎把现有的鱼类都包括了进去，但这是按照什么标准来分的呢？

分类依据

同给其他动物分类一样，鱼类也是按照形态、生理、生活习性、胚胎发育和遗传等各方面的异同，按照它们的血缘关系来进行分类的。

▲ 七鳃鳗

圆口纲

脊椎动物的口腔大多有能开合的上下颌，但圆口纲的鱼类没有。它们的口更像一个漏斗，具有类似吸盘的作用。

▲ 鲨鱼

各类鱼的数量

在现有的鱼类中，以盲鳗、七鳃鳗为主的圆口纲鱼占了大约0.3%；以鲨鱼为代表的软骨鱼大约占3.6%；除软骨鱼和圆口纲之外的鱼类，统称硬骨鱼，大约占96.1%。

硬骨鱼

相对软骨鱼，硬骨鱼有着更为坚硬的骨骼。除了这一点，大多数硬骨鱼还有鱼鳔，鳃室有鳃盖覆盖。

▶ 锦鲤

软骨鱼

软骨鱼的骨架主要由软骨构成，软骨不是真正的骨骼，比起硬骨鱼的坚硬骨骼，软骨要软而且轻。

▲ 鳐鱼

盲鳗

盲鳗细长如蛇，嘴像椭圆形的吸盘，里面有牙齿。盲鳗平时主要吃小的甲壳动物或浮游生物，有时也会吃大鱼。吃大鱼时，它们常由鱼鳃处钻入鱼的身体，掏空内脏后，再咬穿鱼腹钻出来。

特殊的身体

从外表来看,鱼类的身体大致上分为头、躯干、尾三部分,每一部分都包含了若干个神奇的"小螺丝"。这些不同的"小螺丝"集合在一起,鱼就可以在水中自由地生活。

▶ 金枪鱼群

鱼鳃

并不是所有鱼类都有鱼鳃,鱼鳃是硬骨鱼特有的呼吸器官,位于鱼的头部。硬骨鱼正是通过鱼鳃来呼吸水中的氧气,并排出二氧化碳的。

◀ 鳕鱼

▲ 鱼鳃

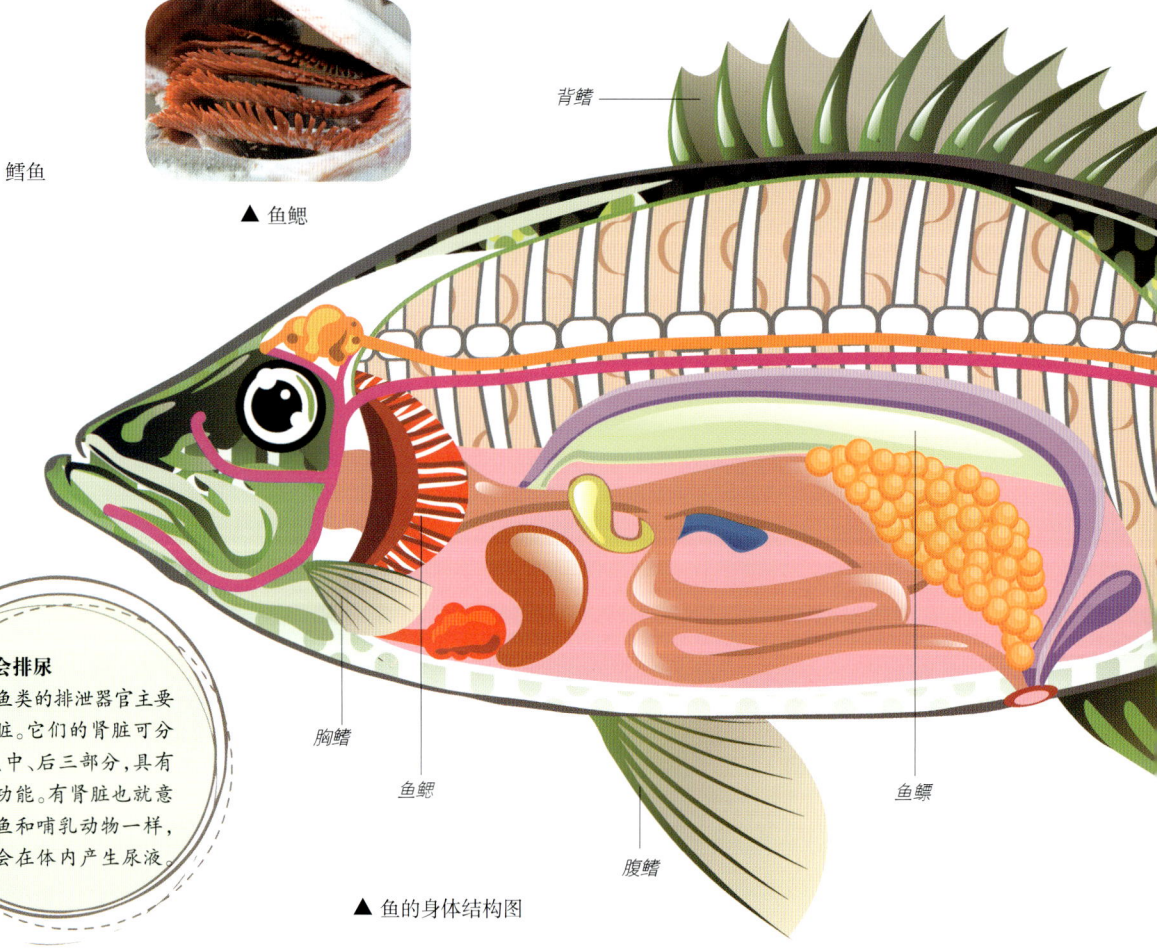

▲ 鱼的身体结构图

鱼也会排尿

鱼类的排泄器官主要是肾脏。它们的肾脏可分为前、中、后三部分,具有泌尿功能。有肾脏也就意味着鱼和哺乳动物一样,同样会在体内产生尿液。

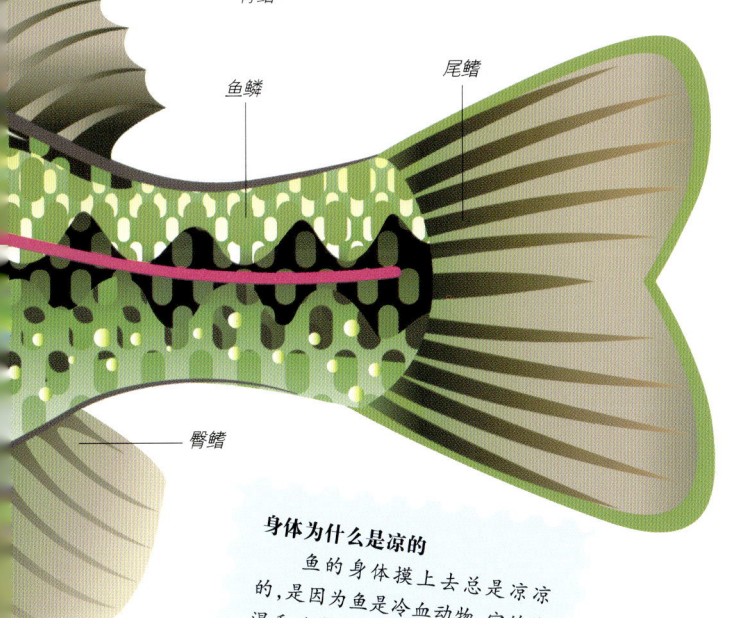

鱼鳔

多数鱼类都有鱼鳔。鱼鳔就像一个薄薄的气囊,位于鱼的身体背部,里面充满气体。它可以帮助鱼类调整在水里的浮力,使它们能够上浮或沉入水底。

黏液的作用

鱼鳞对鱼有保护作用,鱼身上的黏液也有相似功能。它虽然不能阻挡硬物的撞击,但可防止病菌侵袭,阻挡水中有害物质从皮肤进入体内。有时,黏液还能帮助鱼儿死里逃生。

背鳍

鱼鳞

尾鳍

臀鳍

鱼鳍

鱼鳍是鱼类维持身体平衡和前行的重要工具。根据鳍的部位,分成胸鳍、腹鳍、背鳍、臀鳍和尾鳍。当然,不是每种鱼各种鱼鳍都齐全,都那么明显。

身体为什么是凉的

鱼的身体摸上去总是凉凉的,是因为鱼是冷血动物,它的体温和水的温度通常差不多。所以,就算是在夏天,生活在水里的鱼类身体也是凉的。

鱼鳞

鱼鳞是鱼体表面由皮肤衍生的覆盖物,具有保护躯体的作用。鱼鳞从外表看是透明的,很像花瓣,有光泽,质地坚韧。

鱼的一生

没有繁衍，就没有物种的延续。地球上的绝大多数生命都由一粒小小的生命种子而来，当一条小鱼从卵里孵化而出，预示着它的"鱼"生拉开了序幕。

设法求偶

进入繁殖季后，雄鱼为了繁衍后代，会和其他脊椎动物一样，想方设法追求配偶。它们会做出各种求爱的动作，也会把自己"打扮"得格外精神。

雄刺鱼求婚

雄刺鱼在向雌刺鱼"求婚"之前，会把自己精心"修饰打扮"一番，这时候它们的体色会变得格外鲜艳。那些把自己"收拾"得干净、漂亮的雄刺鱼，往往更容易让雌刺鱼一见倾心。

▲ 繁殖季节，为了吸引雌性，雄性大麻哈鱼的体色会变为暗红色

体外受精

绝大多数鱼类的繁殖方式和两栖类的青蛙一样，是体外受精。也就是说，它们的卵子和精子是在水中结合，形成受精卵的。

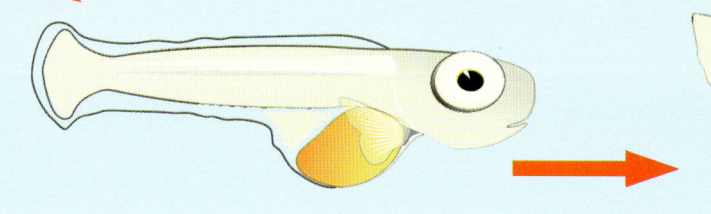

▶ 神仙鱼从卵到成鱼

水中孵化

为了保证鱼宝宝能顺利孵出,鱼类会选择在不同的地方产卵,有的会选择水中、草叶上、石头底下,有的会选择自己身上或嘴里,有的鱼甚至会自己筑巢孵卵。

为什么鱼爸爸疼宝宝

鱼类之所以会有那么多雄鱼疼孩子、护孩子,可能和鱼爸爸们护地盘的领域意识有关,也可能是为了避免雌鱼照顾宝宝太劳累,影响后面的生育。

产在岩石上的鱼卵

从幼鱼慢慢长大

有些鱼有保护鱼卵和幼鱼的习性,不过鱼类中最疼宝宝的大多是鱼爸爸们。幼鱼长大后,也会成家立业,寻求配偶,繁衍后代。

7

海洋里的鱼

无论是赤道附近,还是两极地区,只要是有海的地方就有海洋鱼类的踪影。从海岸到大洋,从海面到海底深渊,不同的海洋鱼类在各自的"地盘"里自由生活,构成了丰富多彩的海洋鱼类世界。

数量庞大

海洋鱼类大多数都具有以鳃呼吸、用鳍运动、体表有鳞片的特点。在现今全世界所有的鱼类中,海洋鱼类占据了大多数。

越冬洄游

越冬洄游指的是鱼类从主要采食地集群迁移到越冬地的行为。一般情况下,越冬洄游往往是生殖洄游的开端,也经常出现在索饵洄游之后。

繁殖方式

海洋鱼类的繁殖方式主要有卵生、卵胎生、胎生三种类型。其中绝大多数属于卵生,也就是将成熟的卵直接排放于水中,进行体外受精,并完成发育过程。

索饵洄游

鱼类向主要采食地集群迁移的行为叫索饵洄游。索饵洄游的主要目的是获得更多、更好的食物来源,有的鱼类甚至会带着刚产下的卵进行这样大规模的迁移。

◀ 鱼群洄游

洄游的分类

洄游是许多鱼类的生活习性,按照产生洄游的原因及目的,可划分成生殖洄游、索饵洄游和越冬洄游三类。

形态差异大

海洋鱼类由于种类繁多,所以形态差异也特别大。目前已知的海洋最小鱼类仅长1厘米左右,而最大的鱼类体长可达20米。

▼ 形态各异的海洋鱼类

生殖洄游

鱼类的产卵习性多种多样,为了找到一个有利于产卵以及鱼卵、幼鱼发育的环境,有的鱼类常常要从深海、外海向浅海或海岸,甚至是向江河集群迁移,这就是生殖洄游。

▶ 红鲑鱼产卵

淡水里的鱼

在自然界中有一类鱼已经适应了江河湖泊这样含盐量低的水环境，它们就是淡水鱼。虽然和海洋中的鱼类相比，它们的队伍不够庞大，但是不同的淡水鱼也都有着与众不同的特点。

湄公河巨鲶

湄公河里生活着一种巨型鲶鱼，体重200多千克，是一种非常大的淡水鱼类。它们一生都生活在淡水或略带咸味的水域中。

湄公河巨鲶

淡水鱼的体色

多数淡水鱼都有特别的色彩和斑纹。浅水中的淡水鱼通常背为青色、绿色，腹部为浅白色；而深水中的淡水鱼体色比较重，常为深红色、黑色等。

虹鳟

虹鳟是一种名贵鱼类，因体侧有彩虹般的色带而得名。现在虹鳟已经成为世界上主要淡水养殖鱼类之一。

▲ 虹鳟

▲ 白鲟

白鲟

白鲟背部灰绿色，腹部白色，是我国最大的淡水鱼类，也是我国特有的珍稀动物。因为其吻部很长，如同大象的鼻子，所以又被称为象鱼。

草鱼产卵

在自然条件下，草鱼无法在静水中产卵。所以它们一般会选择河流汇合处、河流拐弯处较深一侧的水域，或者水流湍急的江河水域作为产卵场所。

草鱼

草鱼喜欢生活在浅水附近的水草丛中，栖息于水的中下层，活泼好动，喜欢成群出没。它们爱吃水草，是我国主要淡水养殖鱼类之一。

草鱼

"海中狼"

在海洋中,鲨鱼凭借庞大的身躯和锋利的牙齿,成为许多海洋动物都惧怕的"杀手",绰号"海中狼"。鲨鱼家族有许多成员,全世界的海洋中几乎都可以看到它们的影子。

▶ 噬人鲨

噬人鲨

噬人鲨即大白鲨,又称食人鲨,是最大的食肉鱼类。它们性情暴烈,有很强的攻击性,有袭击渔船和噬人的记录,故得此名。

噬人鲨的糙皮肤

噬人鲨的皮肤很粗糙,上面虽然没有鱼鳞,但是有很多小倒刺。这种比砂纸还要粗糙的皮肤具有很强的杀伤力,猎物如果被剐蹭一下会立马鲜血淋漓。

居氏鼬鲨

对大鲨鱼来说,没有一口好牙可不行。居氏鼬鲨正因为有着无坚不摧的牙齿,所以从不担心牙口不好会影响捕猎。

▼ 居氏鼬鲨

卵胎生的居氏鼬鲨

居氏鼬鲨是卵胎生鱼类。和某些蛇类一样,卵是在鲨鱼妈妈肚子里孵化成小鲨鱼,再生出来的。据说,雌鲨鱼一次可以怀四五百个胎儿,但最终能顺利出生的只有30～80尾幼崽。

自信的公牛鲨

公牛鲨嗅觉超级灵敏，而且能感知海水的震动和水里的声音，凭借这些天生的技能，它们可以追踪千米之外的猎物。公牛鲨还经常独自捕食，喜欢搞伏击，从来不惧怕任何对手。

公牛鲨

公牛鲨性情凶猛粗暴，是唯一一种能在盐水和淡水两种环境中生活的鲨鱼。它们喜欢在海边捕食活的猎物，而且从不挑食，有时甚至敢挑衅大白鲨。

▲ 公牛鲨

长尾鲨

长尾鲨的尾鳍很长，几乎有身体一半长，所以有了这个名字。它们是货真价实的全能杀手，除了鲨鱼都有的利齿，长尾巴也是它们致命的攻击武器。

▼ 长尾鲨

温和的鲨鱼

说起大鲨鱼,很多人都会感到不寒而栗。也是,前面我们看到的大白鲨、居氏鼬鲨、公牛鲨个个都是大杀器,人们不害怕才奇怪。但所有的鲨鱼都这么嗜血凶残吗?答案是不一定。

庞大的鲸鲨

鲸鲨是世界上现存最大的鱼类,体长可达20米。鲸鲨身躯这么庞大,一定特别厉害吧?才不!鲸鲨性格比较温和。由于大量捕杀,近年来数量锐减。

鲸鲨吃什么

鲸鲨那么大,吃的食物也该是大鱼、大章鱼吧?不是。鲸鲨是以浮游生物、大型藻类、小鱼小虾、小蟹小乌贼为食的,这简直和它们的大块头太不匹配了!

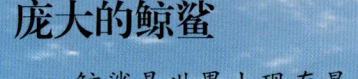
◀ 鲸鲨和一群䱵鱼

没有尖牙的大鲨鱼

鲸鲨没有锋利的牙齿,取而代之的是类似过滤器的鳃耙。当鲸鲨吞下一大口海水,这个鳃耙可以帮助它们过滤水中的食物,把水从鳃里排出去。

奇特的锤头鲨

锤头鲨即双髻鲨,脑袋左右两侧各有一个硕大的突出物,而且一边一只眼睛、一只鼻孔。通过来回摇摆脑袋,锤头鲨上、下、左、右各个方向的景象几乎都可以看到。

▼锤头鲨

◀鲸鲨

◀锤头鲨

贪婪的掠食者

锤头鲨的嘴巴长在头的下方,一口尖利的牙齿,可以让猎物胆战心惊。锤头鲨经常在海滩、海湾和河口处出没,鱼类、甲壳类和软体动物都是它们的美餐。

魔鬼鱼

你听说过魔鬼鱼吗？魔鬼鱼其实是一类生活在海洋中的软骨鱼，它们的学名叫蝠鲼。因其在海中优雅的游姿与空中飞行的蝙蝠相仿，故得此名。

▼ 蝠鲼的腹面

像翅膀的双鳍

蝠鲼有一对能张开当翅膀用的双鳍。在繁殖季节，蝠鲼经常成群用双鳍拍打水面，或者跃出水面在空中翻跟头，甚至在半空滑翔，场面非常壮观。

蝠鲼的幼鱼

蝠鲼不像别的鱼类一次能产好多卵，它们和鲸鲨一样是卵胎生的软骨鱼，而且每次只生一胎。蝠鲼的幼鱼刚生下就有大约20千克重，长约1米，经常被不了解的人误以为是大鱼。

落水像开炮

由于身体庞大、笨拙,蝠鲼不能像飞鱼那样轻盈地落入水中,而是每次都能搞出很大动静,落水那一瞬间的声音大得像开炮。

力气特别大

蝠鲼身形庞大,但几乎没有攻击性,只在受到惊扰时才会发脾气。由于块头和力气特别大,一旦发怒,足以击毁小船。

蝠鲼的恶作剧

蝠鲼性情活泼,常常在海上搞些恶作剧。有时它们会故意潜游到小船底部,用双鳍敲打船底,发出"啪啪"的响声,使船上的人惊恐不安;有时还会故意拖着小船游来游去。

会放电的鱼

鱼为什么会放电？其实不止鱼类，很多生物包括我们人类身体都会产生电。这些电不同于我们日常用的电，叫生物电。生物电是生物细胞之间存在的电流，也是生命活动的一种表现。

电鳗

生物电我们一般很难感受到，像电鳗这样能用电流来捕猎或自卫的情况很少见。神奇的是，电鳗不光能随意放电，还能自己掌握放电的时间和强度。

◀ 电鳗

▼ 电鳐

水中"高压线"

电鳗是放电能力最强的鱼类，有水中"高压线"的称号。它们的发电器官在尾部，能发出强烈电流，足以把人击昏，甚至可以击毙渡河的牛、马。

电鲶

电鲶跟普通的鲶鱼非常相似，身体大约有1米长，嘴上有3对须，没有背鳍。电鲶有成对的发电器藏在背部的皮肤下面，放出的电流能击毙小动物。

◀ 电鲶

电鳐

电鳐的发电器在身体中线的两旁，是由肌肉纤维演变成的电板。电鳐身体里有大约200万块这样的电板，加在一起可以释放出很强的电流。

电鳐的电力

电鳐的放电能力仅次于电鳗，强大的电量足以把附近的鱼电死。就算人碰上了，也会全身麻痹。据说，一万条电鳐同时放电，甚至能使一列电力机车运行几分钟。

爱集群的鱼

鱼类中有不少喜欢集体生活的成员，它们经常成百上千、甚至上万条聚集在一起，成群结队在海里游动。对这些鱼类来说，集体出动除了能减少自己的危险，也是延续种族的一种保障。

沙丁鱼

沙丁鱼是一类体形细小的银色小鱼，喜欢密集成群地活动。洄游季节，沙丁鱼会以更庞大的规模沿着海岸游往产卵地，有时甚至会形成庞大的"鱼球"。

海洋猎手有高招

沙丁鱼由于身体小，所以是很多海洋鱼类的捕食对象。即便在它们形成严密的鱼球时，那些聪明的海洋猎手也会找准时机冲散鱼群，再趁机抓鱼，比如海豚就会用尾巴抽打鱼群。

金枪鱼

◀ 海豚设法冲散沙丁鱼群

鲱鱼

鲱鱼集群洄游产卵的场景大概是动物界的一大奇观，除了持续时间长，而且声势相当浩大。鲱鱼洄游不仅让渔民高兴，还能让海鸟们享受美餐。

金枪鱼

金枪鱼

金枪鱼是一种喜爱集群的大型鱼类，又叫鲔鱼。它们游泳速度非常快，为了补充游泳过程中消耗的体力，金枪鱼要不断地吃东西。

金枪鱼的弱点

金枪鱼的鱼鳃不是很发达，所以它们要不停地游泳，使水流流过鱼鳃来补充氧气。一旦停止游动，金枪鱼便有可能因缺氧而窒息死亡。全速游动时，金枪鱼像出膛的炮弹般飞速前进。

凤尾鱼

凤尾鱼是一类有洄游习性的小鱼。每年春末夏初，它们会成群从海里游向江河，并在河流中下游的淡水入口处集中产卵。

凤尾鱼

人们的误解

在"鲶鱼效应"的各种版本中，沙丁鱼常作为主角之一出现。但事实上，海里的沙丁鱼和淡水里的鲶鱼很难同框出现，所以也有人说"鲶鱼效应"中的主角应该不是沙丁鱼，而是其他小鱼。

洄游的鱼

大麻哈鱼亦称大马哈鱼，是著名的冷水性溯河产卵洄游鱼类。它们出生在河水中，后来游到海水中生活。但一到繁殖季节，它们就会义无反顾地游回故乡，在那里生儿育女，堪称鱼类家族中的传奇。

▶ 大麻哈鱼洄游途中危险重重，有时还会沦为大狗熊的点心

凭着气味识路

大麻哈鱼能靠嗅觉和味觉辨别河水的味道。故乡的土壤、植物和动物特有的气味溶解在河水中后，都会成为它们回归时的"路标"。

▼ 产卵期的大麻哈鱼

善于跳跃

大麻哈鱼在逆流而上的过程中,往往会遇到很多高落差的水流。这时,大麻哈鱼会努力跳过去,这是经过几百万年进化而来的能力。

大麻哈鱼产卵

由于洄游路途遥远,洄游途中,大麻哈鱼的精子和卵子就会发育至成熟。等到抵达产卵场,它们就可以直接产卵。除了在水底挖坑产卵,产完卵,大麻哈鱼还会用沙石把卵藏起来。

灰鲭鲨

灰鲭鲨喜欢生活在温暖海域,也具有季节性迁徙的习惯。它们是一种非常凶猛的大鲨鱼,经常追随沙丁鱼、鲐鱼等鱼群捕猎,有时也会吃金枪鱼、旗鱼,甚至别的鲨鱼。

▲ 灰鲭鲨

小大麻哈鱼的生活

小大麻哈鱼在河口生活期间会自觉地学习游泳技巧,它们在退潮时游向大海,在满潮时游向河川,为几年后的洄游做好充足的准备。

会"飞"的鱼

海洋中有一些鱼,它们不仅可以在水中快速游泳,而且还能在海面上展翅"飞翔",真是神奇之极。这就是飞鱼,但飞鱼究竟是怎么飞起来的呢?

奇特的飞鱼

飞鱼因会"飞"而得名。它们长相奇特,有一对发达的、像鸟类翅膀一样的胸鳍。由于身体比较长,飞鱼看起来更像一个织布的长梭。

飞鱼喜欢吃什么

飞鱼经常在夜间活动,还特别喜欢往有亮光的地方去。它们常常成群结队一起捕食,最爱吃的食物就是浮游生物。

飞鱼盛产地

位于加勒比海东端的岛国巴巴多斯,以盛产飞鱼而闻名于世。这里的飞鱼不仅种类多,而且各种飞鱼大小相差很大。小的飞鱼仅有手掌大,大的有2米多长。

▲ 巴巴多斯的布里奇敦港

靠鱼鳍滑翔

飞鱼其实并不会飞。它只是在被追赶的情况下,跳出水面,打开胸鳍和腹鳍拼命拍打,同时借助尾鳍的推动在水面做短暂的滑翔。如果将飞鱼尾鳍剪去,它就不会滑翔了。

飞鱼能滑翔多久

飞鱼毕竟不是鸟类和昆虫,所以在海面上的飞行时间非常短暂。一般情况下,飞鱼能在空中滑翔大约30秒,约200米远,但也有报道称曾有飞鱼滑翔了近45秒。

▼ 跃出水面的飞鱼如同展翅的滑翔机

为了躲避危险

海洋生物学家认为,飞鱼的滑翔,其实是为了逃避金枪鱼、剑鱼等大型鱼类的追击,或是由于船只靠近受到惊吓而产生的本能行为。

不像鱼的海马

无论人还是其他动物,生儿育女这样的大事通常是由雌性来完成的。可是在鱼类家族中却有例外,它就是海马。海马爸爸是鱼类中名副其实的好爸爸,小海马的成长离不开它们的努力。

模样像马的鱼

海马长相奇特,头与躯干成直角,形状像马头。这样的外形恐怕你怎么也想象不到它们会是鱼。

海马的眼睛

海马的眼睛很特别。它可以一只眼睛用来监视来敌,另一只眼睛用来寻找食物。一旦发现食物,它那吸尘器似的嘴巴会一下子将食物吸入口中。

◀ 用尾巴钩着海草的海马

游泳是个慢性子

海马的游泳水平并不好,它们不像其他鱼类横着身子游泳,而是直立在水中,绅士般慢悠悠地游动,每分钟能游3米就已经很不错了。

◀ 海马的嘴巴像一根管子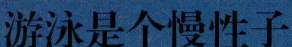

会孵卵的鱼爸爸

与多数鱼类不同,小海马是由海马爸爸孵出来的。海马爸爸肚子上有一个育儿袋,海马妈妈把卵产在里面,由海马爸爸来孵化。卵在育儿袋里经过10~25天后,便会孵出小海马。

看不见的鱼鳍

海马是如假包换的鱼,有着和鱼一样的脊椎、鳃和鳍。虽然它们身上没有特别明显的鱼鳍,但组成鱼鳍的棘条却能以快到人肉眼看不到的速度在身体里活动。

叶海龙

海马有个和它们关系很近的亲戚,叫叶海龙。叶海龙无论长相、生活习性还是食性,都和海马很相似。叶海龙善于伪装,依靠海藻状的附肢进行拟态。

漂亮的鱼

很多鱼类都有着亮丽的衣装,在水下特别引人注目。不过,这些鱼儿穿着漂亮的衣服可不是为了炫耀,而是将其作为一种警戒色,警告对手远离它,比如有毒的箱鲀。

孔雀鱼

孔雀鱼生活在热带海域,正式名字叫孔雀花鳉。孔雀鱼的雌鱼和雄鱼体色差异特别大,雄鱼绚丽多彩、形态优美,但雌鱼要逊色很多。

七彩神仙鱼

七彩神仙鱼有着色彩艳丽的外表,基本体色有蓝色、红色、绿色和黄色,这些色彩还会随着成长而改变。因为它泳姿优美,神态悠然,所以被人们称为"七彩神仙鱼"。

▲ 孔雀鱼

花斑皮剥鲀

花斑皮剥鲀体色绚丽,身体上有许多大小不等的花斑。它的眼睛下方有一条浅色色带,会使敌人误以为是眼睛部位,避免眼睛受到直接攻击。

麒麟鱼

自然界的动物们为了追求异性，可以说想尽了办法，比如麒麟鱼。麒麟鱼在追求配偶时，身体会变化出橙、黄、蓝、绿数种颜色。

▶ 麒麟鱼

蝴蝶鱼

经常在珊瑚丛中来回穿梭的蝴蝶鱼，有着椭圆形的、瘦瘦扁扁的身体，体色鲜艳。当它游动时，艳丽的体色可以迷惑敌人的眼睛。

▶ 蝴蝶鱼

刺盖鱼

刺盖鱼也有非常鲜艳的体色。许多刺盖鱼在小的时候就有着与众不同的色彩和图案，这是它们保护自己的方式之一。

▶ 刺盖鱼

名不副实的小丑鱼

性情温和的小丑鱼其实并不丑,相反,它们身上长着艳丽的条纹。只不过因为这些条纹让它们看起来好像京剧中的丑角,所以被称为小丑鱼。

不惧海葵

海葵的触手有毒,小丑鱼却不害怕,可以在海葵的身体间自由穿梭。这是因为小丑鱼的体表有一层黏液,能帮助它们抵抗海葵的毒素。

互惠互利的关系

小丑鱼和海葵之间其实是一种互惠互利的关系。对海葵而言,小丑鱼可以帮它们清理身上的寄生虫,也会吸引其他鱼类靠近,增加捕食机会;而小丑鱼则将海葵作为自己的庇护所。

雄性可变成雌性

每个小丑鱼种群都有一个具有统治地位的雌性和几个成年雄性,后者在青年期是雌雄同体。如果具有统治地位的雌性死亡,其中一只成年雄性会转变为该种群中的新雌性。

不是离不开

小丑鱼与海葵关系密切。通常,一对雌雄小丑鱼会占据一个海葵,但并不是每一种海葵都适合它们。对小丑鱼来说,没有海葵一样能存活,只是少了保护而已。

小丑鱼的卵

小丑鱼的雌鱼和雄鱼都有保护家庭、保护鱼卵的行为。雌鱼产卵后,卵会由一根细丝固定在石块上。等幼鱼孵出,在水里漂浮一段时间才会栖息到海葵上。

领域观念强

小丑鱼极具领域观念,通常一对雌雄鱼会占据一个海葵,并阻止其他同类进入。如果是一个大海葵,它们会允许一些幼鱼加入,但是体格强壮的雌鱼只会让客人在海葵边缘活动。

鱼类中的游泳高手

鱼类几乎个个都是游泳高手,但强中自有强中手,论起游泳本领,鱼类也有高手中的高手。这些高手堪称鱼类中的翘楚,拥有超一流的游泳技能。

背着"旗帜"的旗鱼

由于身上的第一背鳍长而高,像招展的旗帜,所以旗鱼得到了这个名字。另外,旗鱼游得非常快,时速能和猎豹一较高低。

▶ 旗鱼

吻部似利剑

旗鱼的吻部很长,就像一把长而坚硬的利剑。旗鱼经常凭借这个利器充当不速之客,攻击洄游的鱼群。据说,它们甚至还用这把"利剑"刺穿过轮船的钢板。

为什么游那么快

像旗鱼这样的鱼类在海洋里过得并不轻松,为了躲避天敌,它们只能游得飞快。否则,它们要么会被洋流冲走,要么会被天敌吞食。旗鱼的游泳本领就是这么被逼出来的。

游泳飞快的箭鱼

箭鱼也是动物界游泳领域的强中手,速度比旗鱼有过之而无不及。游泳的时候,它们细长的吻部会像剑一样劈开水面,让它们得以飞速前行。

▶ 箭鱼

箭鱼与超声速飞机

箭鱼游泳的速度特别快,根据它们的体态特征,设计师在飞机前面安装了一根长长的针。这个长针在飞机高速飞行时能刺破飞行中产生的"音障",超声速飞机就这样问世了。

吻部像长矛

箭鱼和旗鱼一样,也有一个细长而且坚韧无比的吻部。不过与旗鱼的吻部比起来,箭鱼的吻部更像一把长矛,尖而且细。

眼睛会"搬家"的鱼

在浩瀚的大洋底层,生活着很多形状扁平、眼睛长在身体同一侧,看起来非常奇怪的鱼,它们就是我们常说的比目鱼。比目鱼是鲽形目鱼类的统称,为什么它们会长成这个样子呢?

奇特的比目鱼

比目鱼堪称鱼界的另类,因为它们的两只眼睛长在身体的同一侧。有眼睛的一侧身体朝上,体色较深;无眼睛的一侧贴近海底,体色浅淡。

▶ 比目鱼长在同一侧的眼睛

比目鱼的生活

比目鱼看着不像鱼,但人家身上不光有鱼鳞,还有一条从头部延伸到尾部的背鳍,也有尾鳍。在水里时,它们经常侧着身子游泳。随着季节的改变,比目鱼也有洄游的行为。

眼睛会移动

其实刚孵化出来的小比目鱼的眼睛是对称长在身体两侧的。当它们长到一定程度时,身体一侧的眼睛就开始向另一侧移动,一直到两只眼睛接近才停止。

伪装捕食

比目鱼经常将身体埋在海底泥沙中，这期间它们身体的颜色也会变成泥沙的颜色。利用这种伪装色，比目鱼耐心地等待着浮游生物的到来，然后吃掉它们。

◀ 在海底伪装的比目鱼

眼睛如何搬家

比目鱼一侧的眼睛通过头的上缘逐渐移动到另一侧。比目鱼的头骨是由软骨构成的，当比目鱼的眼睛开始移动时，比目鱼两眼间的软骨会被身体吸收，这样，眼睛的移动就没有障碍了。

▼ 贴着水底游动的比目鱼

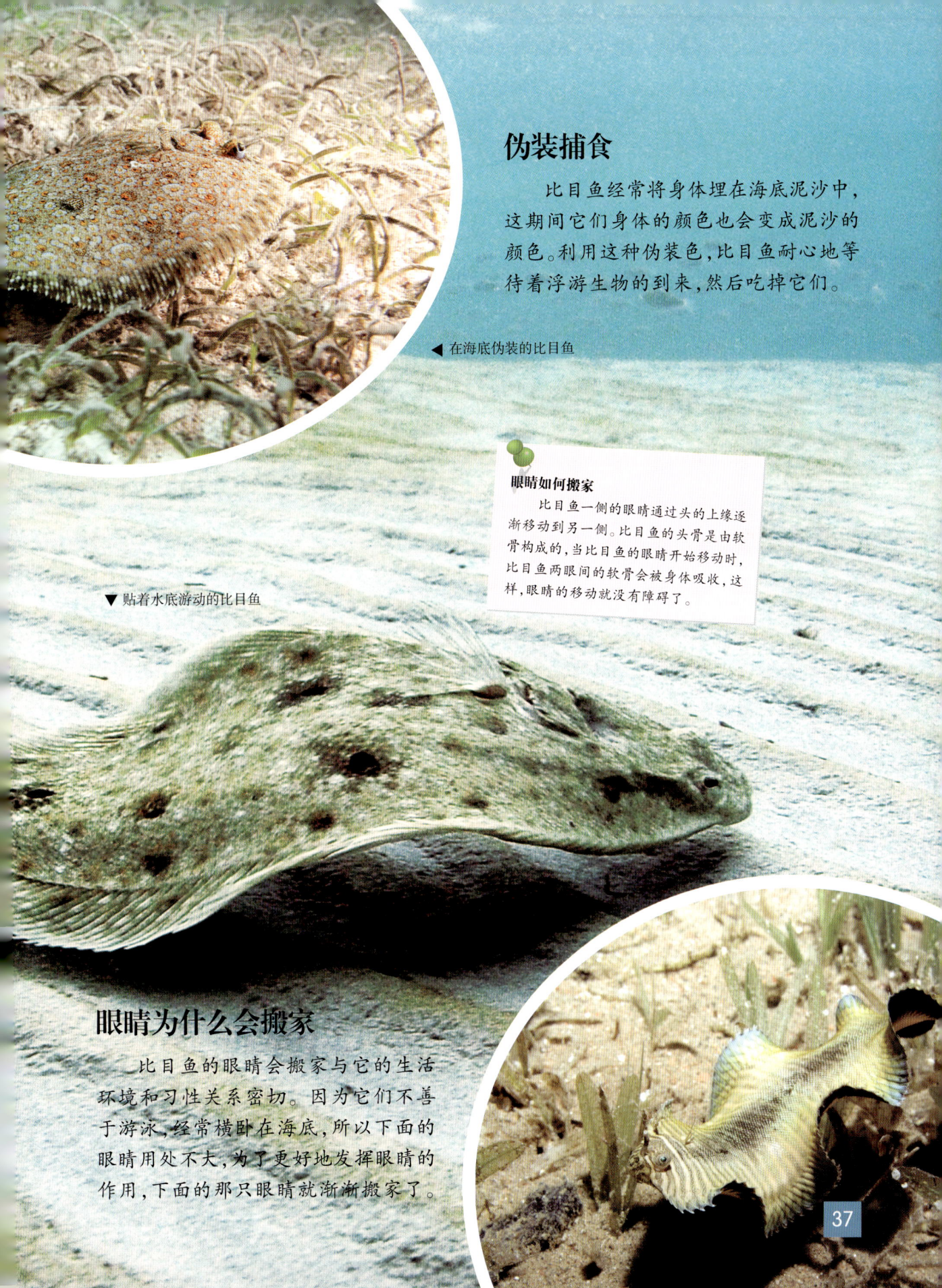

眼睛为什么会搬家

比目鱼的眼睛会搬家与它的生活环境和习性关系密切。因为它们不善于游泳，经常横卧在海底，所以下面的眼睛用处不大，为了更好地发挥眼睛的作用，下面的那只眼睛就渐渐搬家了。

刺鲀和箱鲀

刺鲀和箱鲀，一个身体能鼓起来像刺球，另一个身体骨架坚硬，不能收缩，也无法膨胀。可就是这么两个差异挺大的鱼类，它们竟然还是近亲。因为它们都是身体带毒的鱼类。

全身带毒

刺鲀全身长满了由鳞片演变成的硬刺，这些刺个个都有毒，可以保护刺鲀免受天敌伤害。另外，除了毒刺，刺鲀的肝、内脏等部位也含有剧毒。

▶ 竖起毒刺威吓天敌的刺鲀

小刺鲀的御敌术

对成年刺鲀来说，用毒刺自卫已经足够保护自己，但对小刺鲀来说小毒刺却显得不够用。为了保命，遇到天敌时，小刺鲀会集体出击，竖起毒刺聚成一个更大的刺球，以吓跑敌人。

▶ 刺鲀

带刺的肉球

刺鲀遇到天敌时，会猛地吸气或吸水，让肚子一下子鼓起来。这时候它们身上的毒刺也会纷纷竖起，看到这么个带毒的刺球，胆小的天敌就被吓跑了。

有棱角的盒子鱼

箱鲀由于身体大部分被盒子状的骨甲包围着,所以得了这个名字。箱鲀没有腹鳍,有一个背鳍,又短又小,尾鳍呈圆形。

◀ 箱鲀

奇特的泳姿

箱鲀身体有棱角,游泳姿势怪异。游动时,它们全身只有鳍、口和眼睛能动,由于身体被硬甲覆盖,所以是完全依靠鳍的摆动来游泳的。与此同时,它们还要随时张嘴进行呼吸。

身怀毒液

箱鲀也有艳丽的体色,不过它们可是有毒的鱼。一旦被抓到,箱鲀就会释放出一种有毒物质以保护自己。

不会游泳的鱼

你以为只要生活在水里，怎么样都能成为游泳好手吗？那还真不一定。如果下次有人跟你说，是条鱼它肯定会游泳，你可以直接跟他说"不对"。有的鱼就不会，比如下面这位。

会走路的鱼

不会游泳不要紧，蹙鱼照样能在海里活下去，因为人家会走路啊！你可别小看蹙鱼，它们游泳本领不高，但走路的水平绝对在鱼类中能排第一。

▲ 会走路的蹙鱼

生活在海底

蹙鱼一般生活在海底，它们的游泳本领实在让人难以恭维。大概也是因为这样，所以它们进化出了用胸鳍作为手臂，在海底缓慢爬行的本领。

> **会伸缩的肚子**
> 蹙鱼是个很奇特的家伙，它的肚子就像一个弹性很好的皮球，可以自如伸缩，所以它们有时能够吞下比自己长得多、大得多的猎物。

条纹躄鱼

条纹躄鱼的身体像一个扁扁的球，皮肤很粗糙，有的甚至在身上长出了类似毛发的附着物。在水底爬动时，看着就像一个会动的毛球。

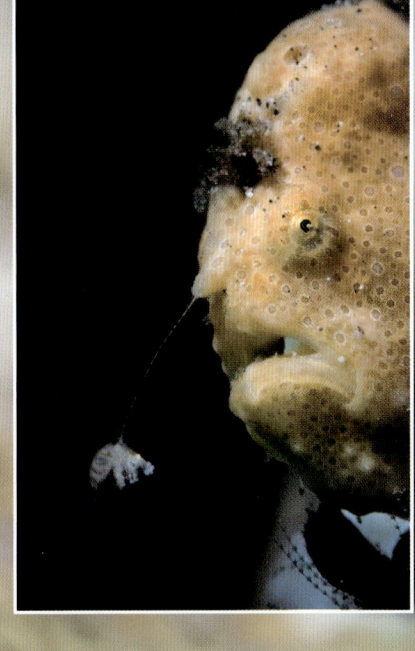

▶ 躄鱼捕食

背上的假诱饵

躄鱼的背鳍上有一根细长的鳍条，躄鱼就是靠这根类似海藻的鳍条作诱饵，来捕食猎物的。

◀ 白斑躄鱼

▶ 变身为珊瑚的躄鱼

会变身的躄鱼

躄鱼的体色经常随周围环境的变化而改变。不仅体色会变，它们的身体形状也能变。靠这种会变身的本领，它们在竞争激烈的海洋中得以生存下来。

奇特的鱼

鱼类中有很多长相怪异、习性特殊的成员,它们是整个鱼类家族中的独特风景。这些奇特的鱼,也许身体并不庞大,体色也不艳丽,但它们却是大自然中独一无二、不可替代的。

鹦嘴鱼

因为有着一张酷似鹦鹉的嘴巴,再加上体色像鹦鹉羽毛那样艳丽,所以得名鹦嘴鱼。除了嘴巴和体色相似,鹦嘴鱼满嘴的牙齿也和鹦鹉的相似。

会爬树的弹涂鱼

弹涂鱼堪称鱼类中的天才,它们一生中有很多时间都不在水里度过,喜欢爬到树干或树枝上。弹涂鱼把腹鳍当作吸盘,用来抓住树木,用胸鳍向上爬行。

◀ 鹦嘴鱼

用肺呼吸的鱼

肺鱼被称为鱼类中的活化石,它们平时在水里用鳃呼吸,一旦居住地发生缺水、干涸的状况,它们还能用鳔呼吸。更奇特的是,这两种呼吸方式有时是同时进行的。

鲫鱼

之所以说鲫鱼奇特，大概是因为它们是聪明的旅行家。鲫鱼常吸附于大型鲨鱼与龟类的身上或船底而迁徙远方。

◀ 贴在海龟背上的鲫鱼

七鳃鳗

七鳃鳗属于圆口纲，和盲鳗一样有漏斗状的嘴巴，眼睛发达。由于眼睛后面身体两侧有7对鳃孔，所以被称为七鳃鳗。

▶ 七鳃鳗

残忍的七鳃鳗

七鳃鳗吃鱼时，会先用类似吸盘的嘴巴吸附在鱼的身体上，然后用嘴巴两侧锯齿状的牙齿锉破对方身体，最后吸食肉。这种残忍的取食方式有时会让被吃的鱼只剩一副骨架。

鳉鱼

鳉鱼是一类身体长度仅有几厘米的小鱼，它们有着迥异于其他鱼类的繁殖方式，一些鳉鱼甚至能同时拥有雌性和雄性生殖器官。

▶ 鳉鱼

图书在版编目（CIP）数据

我的第一套视觉百科. 鱼类 / 张功学主编. -- 西安：未来出版社，2018.5（2023.10 重印）
ISBN 978-7-5417-6590-2

Ⅰ.①我… Ⅱ.①张… Ⅲ.①科学知识—少儿读物②鱼类—少儿读物 Ⅳ.①Z228.1②Q959.4-49

中国版本图书馆 CIP 数据核字（2018）第 094918 号

我的第一套视觉百科(精装)
WO DE DIYI TAO SHIJUE BAIKE

鱼类
YULEI

主　　编	张功学
丛书统筹	魏广振
责任编辑	雷露深
美术编辑	许　歌
出版发行	未来出版社发行
地　　址	西安市雁塔区登高路 1388 号　邮编：710082
电　　话	029-89122853
开　　本	889 mm×1194 mm　1/16
印　　张	3.5
字　　数	60 千
印　　刷	万卷书坊印刷（天津）有限公司
版　　次	2018 年 8 月第 1 版
印　　次	2023 年 10 月第 3 次印刷
书　　号	ISBN 978-7-5417-6590-2
定　　价	39.80 元

版权所有　　侵权必究

Encyclopedia

My First

我的第一套视觉百科